Easy-learning Poems
for Remembering Chinese Characters

汉字速成歌

主编　刘晓南　编委　林华英

刘春南

江西人民出版社

目　录

汉字速成歌

内容简介

本书对国家语委、教委颁布的《3500 常用汉字表》进行了诗化。正文短短 3520 字无一重复而尺水兴澜，闪展腾挪间纵横古今中外，臧否天地人物，融百科万象于情理趣谑，格调健康活泼。以期寓教于乐，帮助读者对中华文化增加更多了解，使读者的汉字认知或再学习取得事半功倍的效果。

汉语拼音声母表

b[玻]　p[坡]　m[摸]　f[佛]

d[得]　t[特]　n[讷]　l[勒]　g[哥]　k[科]　h[喝]　j[基]

q[欺]　x[希]

z[资]　c[雌]　s[思]　r[日]　zh[知]　ch[嗤]　sh[诗]

y[医]　w[巫]

汉语拼音韵母表

a[阿]　an[安]　ao[奥]　ai[哀]　ang[昂]

o[喔]　ong[翁]　ou[欧]

e[鹅]　en[恩]　er[儿]　ei[欸]　eng[摁]

i[衣]　ia[呀]　iu[由]　ie[耶]　in[因]　ing[英]

u[乌]　un[温]　ua[蛙]　uo[窝]　ue[月]　ui[威]　ü[迂]

iao[腰]　ian[烟]　iang[央]　iong[用]

uai[外]　uan[弯]　uang[汪]

周末

zhōu mò yóu wán chù　　　gōng yuán bàng shì jiāo
周末游玩处，　　公园傍市郊。

yuān yāng zhèng mǒ zǎo　　cì wei béng shū máo
鸳鸯正抹澡，刺猬甭梳毛。

fú miàn jǐ zhū liǔ　　huān xīn jiǔ qǔ qiáo
拂面几株柳，　　欢心九曲桥。

yīng lí gē wǎn zhuǎn　　nǎ wèi lǎo shī jiāo
莺鹂歌婉转，　　哪位老师教？

迎 春

yòu lǜ jiāng nán àn
又绿江南岸，

yíng chūn shì xìng huā
迎春是杏花。

qīng tíng zhèn chì bǎng
蜻蜓振翅膀，

kē dǒu fǎng há ma
蝌蚪仿蛤蟆。

xì yǔ yú ér chū
细雨鱼儿出，

wēi fēng yàn zǐ xié
微风燕子斜。

xīn qín gēng zhòng zhě
辛勤耕种者，

tǎng hàn wò lí pá
淌汗握犁耙。

阳光

càn làn tài yáng guāng　　wēn róu zhào sì fāng
灿 烂 太 阳 光 ，　　温 柔 照 四 方 。

cóng shān jiàn jǐn xiù　　bǎi huì cù yán fāng
丛 山 荐 锦 绣 ，　　百 卉 簇 妍 芳 。

diàn bó xī hóng yàn　　tāo tāo gǔn bái yáng
淀 泊 嬉 鸿 雁 ，　　滔 涛 滚 白 羊 。

zàn sòng tīng bù dǒng　　yī jiù kǎi ér kāng
赞 颂 听 不 懂 ，　　依 旧 慨 而 慷 。

森林

sēn lín zhào shì wèi　　zhuó chuō xiǎng dīng dōng
森林召侍卫，啄戳响丁冬。

hú dié réng shòu fěn　　wū yā shàn zhuō chóng
蝴蝶仍授粉，乌鸦善捉虫。

bān sǎo guī zhòng yǐ　　niàng mì gǎn qún fēng
搬扫归众蚁，酿蜜感群蜂。

qiū yǐn néng kěn dì　　jiàn kāng láo dòng zhōng
蚯蚓能垦地，健康劳动中。

取经

táng sēng yào qǔ jīng　　guǐ guài zhuàng zhēng níng
唐僧要取经，鬼怪 状 狰狞。

yīng zhǎo chěng jiān ruì　　liáo yá lù xuè xīng
鹰爪逞尖锐，獠牙露血腥。

pī kǎn dǎo tǒng bà　　pú sà kěn tiáo tíng
劈砍捣捅罢，菩萨肯调停。

niè chù shǔ wán liè　　wù kōng liú diǎn qíng
孽畜属顽劣，悟空留点情。

简 称

hēi jí liáo jīng jīn　　měng xīn shǎn gān níng
黑吉辽京津，　蒙新陕甘宁。

qīng jìn jì lǔ yù　　chuān zàng diān qián yú
青晋冀鲁豫，　川藏滇黔渝。

xiāng è sū hù wǎn　　yuè guì mǐn zhè gàn
湘鄂苏沪皖，粤桂闽浙赣。

qióng tái jiā gǎng ào　qū huà jiǎn chēng biǎo
琼台加港澳，区划简称表。

昆仑

kūn lún fēng dǐng mào　yǔ zhòu jì nián huá
昆仑峰顶帽，宇宙记年华。

qú dào gū yāo jì　pú táo yā qì chē
渠道箍腰际，葡萄压汽车。

zǎo chén yóu guǒ ǎo　shǎng wǔ zhǐ chuān shā
早晨犹裹袄，晌午只穿纱。

ái zhe lú yán zuò　nǎi lào hā mì guā
挨着炉沿坐，奶酪哈密瓜。①

注:新疆俗话:早穿皮袄午穿纱,抱着火炉吃西瓜。

9

彩梦

qī cǎi bīn fēn mèng
七彩缤纷梦，

zhuō biān yuán liǎn páng
桌边圆脸庞，

xìng qù tiān chōng jǐng
兴趣添憧憬，

zhí gēn yú kè běn
植根于课本，

piān xiān mì zhǔ rén
翩跹觅主人。

huó pō gèng dān chún
活泼更单纯。

zuó mó guì rèn zhēn
琢磨贵认真。

jiān rèn pì qián kūn
坚韧辟乾坤。

熊猫

xióng māo dài mò jìng
熊猫戴墨镜，

xiàng gè jiǎn chá yuán
像个检查员。

zhè kuài yā chā duǎn
这块丫叉短，

nà pī yè piàn kuān
那批叶片宽。

xiōng pú dōu bèn zhuō
胸脯兜笨拙，

pì gǔ bǎi yōu xián
屁股摆悠闲。

shēn shì shá yí tài
绅士啥仪态？

měi méi róu fù kàn
美眉揉腹看。

大圣

qí tiān sūn dà shèng　shuǎ lài zhàn shén bīng
齐天孙大圣，耍赖占神兵。①

līn qǐ qiān jūn bàng　pīng pāng wàn lǐ xíng
拎起千钧棒，乒乓万里行。

yāo mó tú jiǎo huá　jiàn biàn kào jīn jīng
妖魔徒狡猾，鉴辨靠金睛。

liù ěr mí hóu juè　yíng kuī zěn yàng píng
六耳猕猴倔，赢亏怎样评？②

注：①兵，特指兵器。

②六耳猕猴为孙悟空影子的化身，表示与己搏斗其
难无比。

沙　漠

xī rǎng sī chóu lù　　xiàn jīn gē bì tān
熙攘丝绸路，现今戈壁滩。

tuí yuán zhāng dǐ zuò　jiàn zhèng gǔ lóu lán
颓垣彰底座，见证古楼兰。①

luò yì tuó líng jué　　cāng máng xiǎo yuè xuán
络绎驮铃绝，　苍茫晓月悬。

huán qiú shā mò huà　　zhěng zhì jù tuō yán
环球沙漠化，　整治拒拖延。

注:①楼兰,丝绸之路中的著名古国。

耘田

chū xià zhí yún tián　　qīng ōu màn miào xuán
初夏值耘田，　轻鸥曼妙旋。

　yī tiáo wāi guǎi zhàng　　liǎng bìn niǎo qíng lán
一条歪拐杖，两鬓袅晴岚。

tǎng dé hé miáo zhuó　　gǎn cí xī gài suān
倘得禾苗茁，敢辞膝盖酸？

　èr nán dōng guǎn qù　　yóu jì dǎ gōng qián
二男东莞去，邮寄打工钱。

动 物

hǔ měng hú lí hěn　　shī wēi liè bào xiōng
虎 猛 狐 狸 狠，狮 威 猎 豹 凶。

bà mán fá lián mǐn　　dǎi bǔ shàn zhuī zōng
霸 蛮 乏 怜 悯，逮 捕 擅 追 踪。

bān mǎ féng cōng cù　　sī xū dǎng jiā gōng
斑 马 逢 匆 促，嘶 吁 挡 夹 攻。

xī shēng wèi jí tǐ　　yú mèi zá gāng xióng
牺 牲 为 集 体，愚 昧 杂 刚 雄。①

注：①传说斑马遭遇危险时，有雄斑马长嘶一身倒地以
　　救集体，虽然悲壮却不利于进化。

西 湖

xiān jìng ràng xī hú
仙境让西湖，

chuí yáng bì lǚ tú
垂杨蔽旅途。

méng lóng chéng zhú fá
朦胧乘竹筏，

xiào ào xué táo zhū
啸傲学陶朱。①

jiǎng dàng gū huái jiǎn
桨荡孤怀减，

bō xiān yù xù shū
波掀郁绪舒。

tān lín shuāng shào bǎo
摊邻双少保，

shū nǚ qìng ān jū
淑女庆安居。②

注：①春秋时期助越灭吴的范蠡功成身退，优游湖海，号
　　陶朱公。

②岳飞、于谦，拜赠太子少保，墓近西湖，使西湖的妩
　　媚粉气得以稍减。

16

秋 收

cūn tún pà qiàn shōu　　jì hòu qià lún qiū
村屯怕歉收，季候恰轮秋。

lǒng mǔ páo fān shǔ　　kēng wā jué yù tóu
垄亩刨番薯，坑洼掘芋头。

pí mián jì yà zǐ　　dào nuò yǐ duī qiū
皮棉既轧籽，稻糯已堆丘。

lián ǒu chán mián lǚ　　yìng jiāng nǔ lì chóu
莲藕缠绵缕，应将努力酬。

卧 薪

guó pò jiā cán yǒu
国 破 家 残 有，

wò xīn cháng dǎn qí
卧 薪 尝 胆 奇。

sōu cháng guā dù xiǎng
搜 肠 刮 肚 想，

tiǎo bō lí jiàn shī
挑 拨 离 间 施。

wù huàn xīng yí rì
物 换 星 移 日，

bào chóu xuě hèn qī
报 仇 雪 恨 期。

fēng guān xǔ yuàn bì
封 官 许 愿 毕，

tù jìn gǒu pēng zhī
兔 尽 狗 烹 之。①

注:①春秋时期越王勾践的故事。

顾庐

zhāo liè pìn cái qiè　　wǔ hóu móu suàn xiáng
昭烈聘才切，武侯谋算详。①

máo lú lǚ gù fǎng　　suí jià jǐn guān zhāng
茅庐屡顾访，随驾仅关张。

tuán jié hāng jī chǔ　　kuāng fǔ zuò shǔ wáng
团结夯基础，匡辅作蜀王。

yú qiáo jiāo wǎng shú　　wèn dá ǎi péng cāng
渔樵交往熟，问答蔼篷舱。

注:①刘备庙号昭烈,孔明人称武侯。

赏花

mǔ dān lǐng sháo yào　　xīn shǎng qì háo shē
牡丹领芍药，欣赏气豪奢。

táo lǐ chéng yāo yě　　yóu qí yǐ shí jiā
桃李呈夭冶，尤其以实嘉。

fú róng qíng bì sǎn　　jú bàn yǎn lí bā
芙蓉擎碧伞，菊瓣掩篱笆。

lǐn liè sù méi ruǐ　　chǐ yán wèi zú kuā
凛冽塑梅蕊，侈言未足夸。

电脑

kē yán fā zhǎn kuài　　diàn nǎo chuàng shí dài
科研发展快，　电脑　创　时代。

píng mù jù bīn péng　　jiàn pán qiāo mǎi mài
屏幕聚宾朋，　键盘敲买卖。

bìng dú qián sāo rǎo　　tōng xùn quán shāng hài
病毒潜骚扰，　通讯全　伤害。

máo dùn jiǔ jiāng chí　　láo dāo fáng xiè dài
矛盾久僵持，唠叨防懈怠。

贷 款

yī èr sān sì wǔ
壹贰叁肆伍，

shù zì gǎo qīng chǔ
数字搞清楚。

lù qī bā jiǔ shí
陆柒捌玖拾，

mǎ hào zài shū rù
码号再输入。

dài kuǎn nǎi xìn yòng
贷款乃信用，

qū shì jiàn tuī chóng
趋势渐推崇。

zhēn zhuó tián é dù
斟酌填额度，

zhōng jiū xū cháng fù
终究须偿付。

壮 哉

zhuàng zāi qín shǐ huáng　tǎo fá jìng zhū qiáng
壮 哉 秦 始 皇 ，讨 伐 靖 诸 强 。

huò bì bān jiāng yù　liàng héng shēn xiàn zhāng
货 币 颁 疆 域 ，　量 衡 申 宪 章 。

kē qiú gāo suǐ jié　fēng kù zàng e fáng
苛 求 膏 髓 竭 ，　疯 酷 葬 阿 房①。

fǔ lǎn cháng chéng mào　wān yán chù jǐ liáng
俯 览 长 城 貌 ，蜿 蜒 矗 脊 梁 。

注：①阿房指阿房宫。

黄　河

péng pài huáng hé shuǐ
澎湃黄河水，

jī áng mín zú hún
激昂民族魂。

zhuāng jià shì guàn gài
庄稼恃灌溉，

mài xī bǔ shēng cún
脉息哺生存。

pī lì chè xiāo zhà
霹雳彻霄炸，

duàn liú biē mèn wén
断流憋闷闻。

chóu cè zhèng fǔ kěn
筹策政府恳，

shè xí dài zī xún
设席待咨询。

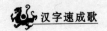

堤 坝

pāng tuó xí chì xiàn　　fàn làn kuò huò yāng
滂 沱 袭 赤 县 ，泛 滥 扩 祸 殃 ①。

chú guì piāo zhǎo zé　　lóng tì zhú wāng yáng
橱 柜 漂 沼 泽 ，笼 屉 逐 汪 洋 。

bù duì jiù yuán lèi　　jiē céng mù xiàn máng
部 队 救 援 累 ，阶 层 募 献 忙 。

zhù dī gēn lěi bà　　shèn mò bǎo gé náng
筑 堤 跟 垒 坝 ，慎 莫 饱 革 囊 。

注：①滂沱，大雨貌。

战 争

gùn fǔ gōng shǐ lěng
棍斧弓矢冷，

jiàn tǐng fēi jī rè
舰艇飞机热。

liào wàng bān léi dá
瞭望扳雷达，

bēn chí qiǎn tǎn kè
奔驰遣坦克。

pào táng pēn sǐ wáng
炮膛喷死亡，

dàn kù yē qīng hé
弹库掖氢核。

jǐng tì zhàn zhēng fàn
警惕战争贩，

jiè shī xī tè lè
借尸希特勒。

瓷都

xiǎn hè jǐng dé zhèn
显 赫 景 德 镇 ，

lì shǐ diàn cí dū
历 史 奠 瓷 都 。

dòng níng zhī fáng sè
冻 凝 脂 肪 色 ，

líng lóng dì hòu yú
玲 珑 帝 后 愉 。

háng chéng dāng zèng pǐn
航 程 当 赠 品 ，

róng yù bó jù shū
荣 誉 博 剧 殊 。

qì mǐn xíng qióng jí
器 皿 型 穷 极 ，

liáo gòng shāng gǔ xū
聊 供 商 贾 需 。

母 爱

rèn shēn jiē fēn miǎn　　zhàng fū méi fǎ cāo
妊 娠 接 分 娩，丈 夫 没 法 操。

āi yō yù xū tuō　　ǒu tù bǐ lí háo
哎 哟 欲 虚 脱，呕 吐 比 厘 毫。

yīng tí wā lā jìn　　gē dá bāo fú pāo
婴 啼 哇 啦 劲，疙 瘩 包 袱 抛。

shì jiè quē mǔ ài　　huāng wú yì jì liáo
世 界 缺 母 爱，荒 芜 亦 寂 寥。

钻 戒

làng màn jiè zhǐ shì　　zuàn jiè yǔ xiàng zhēng
浪 漫 诚 止 式，　钻 戒 予 象 征。

bǎo yù zuì zhēn hǎn　　fěi cuì bìng fèng zūn
宝 玉 最 珍 罕，　翡 翠 并 奉 尊。

suī shuō bō lí jiàn　　wén zhì kě tòu míng
虽 说 玻 璃 贱，　纹 质 可 透 明。

xiāng qiàn shà tuǒ tiē　　tián shì mào jīng yíng
镶 嵌 煞 妥 贴，恬 适 冒 晶 莹。①

注：①煞，极其。恬适，安然自得。

规 律

kuàng diàn cùn jīng jìng　　è něi jì kǒu diāo
旷 甸 寸 茎 净，　　饿 馁 忌 口 刁。

xùn lù pū xiōng yǒng　　qiān xǐ mài tiáo yáo
驯 鹿 扑 汹 涌，　　迁 徙 迈 迢 遥。

xuán wō zòng yān nì　　yǒng yuè chuǎng mù biāo
漩 涡 纵 淹 溺，　　踊 跃 闯 目 标。

kè guān guī lǜ jùn　　wéi fǎn bì zāo gāo
客 观 规 律 峻，　　违 反 必 糟 糕。

专场

ōu zhōu wéi yě nà　huī hóng yīn lè tīng
欧洲维也纳，恢宏音乐厅。

diāo shì biàn láng dòng　yǎn zòu zhòng gāng qín
雕饰遍廊栋，演奏重钢琴。

wǔ xiàn pǔ zhèn hàn　xiāo bāng bèi duō fēn
五线谱震撼，肖邦贝多芬。

pāi zhǎng zhì zhù hè　zhuān chǎng sòng zǔ yīng
拍掌致祝贺，专场宋祖英。①

注：①2003年宋祖英在著名的维也纳金色大厅举办个人
专场演唱会。

蠢驴

lǘ luó niǎn qiáo mài
驴骡碾荞麦，

péng wō chǎng lián fēi
棚窝敞帘扉。

zhào yǎn sì máng xiā
罩眼似盲瞎，

yāo hè jí dēng tí
吆喝即蹬蹄。

huǎng hū rèn chà qí
恍惚任岔歧，

hēi chī lǚ píng yí
嘿哧履平夷。

huī xián shǎ lèng chǔn
徽衔傻愣蠢，

ǎn gāi zǔ zhòu shuí
俺该诅咒谁？

印 刷

pōu xī yìn shuā shù
剖析印刷术，

hàn cháo tuò jiàn quán
汉朝拓涧泉。

kè bǎn lǜ shī wù
刻版虑失误，

mí bǔ jiǎo bì duān
弥补矫弊端。

jiǎn zé shěn biàn jié
拣择审便捷，

fēng bēi míng zhé xián
丰碑铭哲贤。

yào shi qǐ shì zán
钥匙启示咱，

zhì huì yì dēng pān
智慧益登攀。

牌 坊

shè huì tún xié suì　　shù fù pī gāng cháng
社会囤邪祟，　　束 缚披纲 常 ；

guǎ fù shǒu zhēn jié　　fǒu zé chén chí táng
寡妇守 贞节，否则沉池塘！

pó xí bēi cǎn gòng　　lèi zhū jìn zhěn chuáng
婆媳悲惨共，　泪珠浸枕 床 。

dēng kū fèn yuàn yǎo　　lì shén me pái fāng
灯枯忿怨杳，立什么牌坊！

夜 烛

méi shěn shé rú huáng　　jiào qián cuī bài táng
媒 婶 舌 如 簧 ，　　轿 前 催 拜 堂 。

láng jūn wěi gǎn bān　　nóng chuāng bàn kuì yáng
郎 君 苇 秆 般 ，　　脓 疮 半 溃 疡 。

chōng xǐ zāo jīng hài　　wū yè xī mìng sàng
冲 喜 遭 惊 骇 ，　　呜 咽 惜 命 丧 。

yè shēn péi là zhú　　qiáo cuì tián qīn niáng
夜 深 陪 蜡 烛 ，　　憔 悴 恬 亲 娘 。

泣 痕

jiù fù mèng diàn fǔ　　wài shēng shěn yà tíng
舅 父 孟 殿 甫，外 甥 沈 亚 亭。

káng tái zuò yuè xù　　qǔ qī jiào fēi yīn
扛 抬 做 岳 婿，娶 妻 叫 菲 茵。①

kàng rù sù jiāo qī　　gōng xiào shàn yán chūn
炕 褥 宿 胶 漆，恭 孝 赡 严 椿②。

jī wá tòng hē hù　　yōu chóu wǔ qì hén
畸 娃 痛 呵 护，忧 愁 捂 泣 痕。③

注：①所有姓名纯属杜撰，请勿对号入座。

②严椿指父亲，古代喻称父母为椿萱。

③近亲结婚，后患无穷。

毅魄

bǐng fù lì cōng yǐng　xìng gé jiào mǎng zhuàng
禀赋隶聪颖，性格较莽撞。

zhí niù bó zhǐ yì　　liào kào guà láng dāng
执拗驳旨意，镣铐挂锒铛。

gōng xíng wǔ rǔ shèn　yì pò nài qī liáng
宫刑侮辱甚，毅魄耐凄凉。

lì jǐ wán jù zhù　　cuò zhé yùn huī huáng
励己完巨著，挫折孕辉煌。①

注：①著名史官司马迁事迹。

赐婚

xiōng nú qǐng cì hūn　tíng yì chàng lián yīn
匈 奴 请 赐 婚，廷 议 倡 联 姻。

suì lìng pí pá zhóu　xié bàn hú jiā míng
遂 令 琵 琶 轴， 协 伴 胡 笳 鸣。

huà jiàng chán huì lù　jì yì shàng qiàn jīng
画 匠 馋 贿 赂，技 艺 尚 欠 精。

miù qiǎ ēn chǒng yù　rǒng zhuì sù jiù yīn
谬 卡 恩 宠 遇， 冗 赘 诉 咎 因。①

注：①西汉昭君出塞故事。

38

揭竿

chén wú liè shù zú
陈吴列戍卒，

kǎn kě gǎn jiān xún
坎坷赶兼旬。

yú xiàn zhǎn wú shè
逾限斩无赦，

zhēng zhá zǔ ní nìng
挣扎阻泥泞。

jiē gān huī qí zhì
揭竿挥旗帜，

nà hǎn bó dí zhèn
呐喊搏敌阵。

fèn yǒng kàng bào nüè
奋勇抗暴虐，

lì wèi piě kūi yīng
吏尉撇盔缨。①

___

注：①秦末陈胜吴广起义故事。

淮 阴

pǐ máng gǒu zī xìn　　fù jiàn xiàng dāng kuà
痞氓苟滋衅，负剑向裆胯。

zhuō chāo yàn sī dòu　　tǒng shuài fèi é zhà
卓超厌私斗，统帅费讹诈。

yū huí jué huái yīn　　jī fěng gǎi è yà
迂回爵淮阴，讥讽改愕讶。

fěi bàng gōu pàn nì　　bì jué xiān jū yā
诽谤勾叛逆，毙决先拘押。①

注：①秦末汉初开国勋臣韩信故事。

姆佣

mǔ yōng gěng yuè lái　　dǎo jǔ shòu zhūn huì
姆 佣 耿 越 菜①，蹈 矩 受 谆 诲。

cái lǎo zhèng bǎng yì　　lán jié diàn wū yī
财 佬 郑 榜 翼②，拦 截 玷 污 伊。

xiāo tī zhù chī zhēng　　suǒ mò cuò zì yì
宵 梯 驻 痴 怔 ，　索 寞 措 自 缢③。

gàng gāo niǎn zēng qiǎn　　báo guān jiǎ shú zuì
杠 篙 撵 憎 谴，薄 棺 假 赎 罪。

注:①姆佣指有期限受雇干家务的女佣。

②杜撰姓名,财佬指对为富不仁者的轻视称谓。

③大意为深夜的梯子上,她痴呆地站了许久、萧索、
　寂寞地选择了上吊自杀。

41

闺 阁

mián xǐng xǐ shù jìng　　guī gé zhàng màn liáo
眠 醒 洗 漱 竟 ，闺 阁 帐 幔 撩 。

xiān shǒu nuó chǐ jiǎn　　féng rèn zhì guà páo
纤 手 挪 尺 剪 ，缝 纫 制 褂 袍 。

shān hú mǎ nǎo sú　　méi guī qiáng wēi qiào
珊 瑚 玛 瑙 俗 ，玫 瑰 蔷 薇 俏 。

xiàn mù xiōng dì liǎng　　kǎi tie dū mó miáo
羡 慕 兄 弟 俩 ，楷 帖 督 摹 描 。

42

杂拌一

jìn lèi yuán xīng fèi
近类猿猩狒，

qīng liáo hán zhào wèi
卿僚韩赵魏。①

chēng zhǔ sōng tài héng
撑拄嵩泰恒，

shǔ dòu zhěn jiē fèi
暑痘疹疖痱。

zhàn yǐn fú lù shòu
站瘾福禄寿，

pàng biē jiǎn dú bù
胖瘪柬牍簿。

hé kuàng dǔn shùn zhǎ
合眶眲瞬眨，

chǎo rǎng hǒu chuī mà
吵嚷吼吹骂。②

注：①春秋时晋国三位主要大臣(卿)分晋立国。

②历来福禄寿三星均不见坐像。

杂拌二

děng jí jiǎ yǐ bǐng
等级甲乙丙，

huá liū qiū shàn shé
滑溜鳅鳝蛇。

nóng jù lián chú qiāo
农具镰锄锹，

tǔ rǎng dàn lín jiǎ
土壤氮磷钾。

zuǒ liào cōng jiāng suàn
佐料葱姜蒜，

sì qín jī é yā
饲禽鸡鹅鸭。

jiāo hān gāo jū dú
娇憨羔驹犊，

bǐ cǐ nǐ wǒ tā
彼此你我他。

杂拌三

dài shǔ yuè biān fú
袋鼠阅蝙蝠，

yīng wǔ liàng xiáng gē
鹦鹉谅翔鸽。

jí dù sǔn jī fū
嫉妒损肌肤，

wū miè nài duò luò
诬蔑奈堕落。

shuān zhuāng jiàn zhà lán
栓　桩　建栅栏，

gòu cái xù shān bǎi
购材蓄杉柏。

pēi tāi bèi fèn xiǎo
胚胎辈份小，

méng yá sǔn péng bó
萌芽笋蓬勃。

杂拌四

xī yì tūn xī shuài   wù bù yōng shān bǎn
蜥蜴吞蟋蟀，坞埠拥舢舨。

shòu jīn bēng hú xián   xiān gǎo qiào hán guǎn
兽筋绷弧弦，锨镐撬涵管。

xù duǒ wǔ mèi yǒng   niǔ kòu shuò rú dìng
絮朵妩媚咏，钮扣硕儒钉。

xuàn yào rě shuāi bài   fèn nù yù róu lìn
炫耀惹衰败，愤怒御蹂躏。

暮约

cēn cī zǔ pì zhài　　yè yán wǎ fù qiáng
参差组僻寨，　　页岩瓦覆墙。

jiě mén hù yāo yuē　　tǒng qún bù yī shang
姐们互邀约，　　筒裙布衣裳。

jǐng bó yín liàng shǎn　　qī zhā jiáo bīng láng
颈脖银亮闪，　　喊喳嚼槟榔。

chèn mù fù zōng lǘ　　wǎn qiān lái yǐn háng
趁暮赴棕榈，　　挽牵来引吭。

藜蒿

hè tīng fú zhǔ ǎi　　hún jié lì zhǎng xiāo
鹤 汀 凫 渚 矮 ，　　浑 洁 例 涨 消 。

yū jī fǔ zhí wò　　mào shèng chǎn lí hāo
淤 积 腐 殖 沃 ，　　茂 盛 产 藜 蒿 。

qiā duàn chǎo xūn ròu　　fàng xiē gàn là jiāo
掐 段 炒 薰 肉 ，　　放 些 干 辣 椒 。

zā bā shù mǔ zhǐ　　pí jiǔ pèi jiā yáo
咂 巴 竖 拇 指 ，　　啤 酒 配 佳 肴 。

峡谷

xiá gǔ wù chōng pèi　　dī lì zhuì huái yú
峡谷雾充沛，　　滴沥坠槐榆。

zhái zhuàng wǎn bié shù　　āo tū zhuì xī shū
宅幢宛别墅，　　凹凸缀稀疏。

gǒng cáo zhū hēng jī　　fèi yǐng quǎn zhā hū
拱槽猪哼唧，　　吠影犬咋呼。

jiāng shéng shuān niú bí　　mù tóng zài téng shū
缰绳拴牛鼻，牧童在誊书。

海 钓

gū diē wèi jí guàn
姑爹谓籍贯，

běi bīn bó hǎi wān
北濒渤海湾。

chuán bó shǐ cāng míng
船舶驶沧溟，

wéi gān xì yún fān
桅杆系云帆。

jǐn còu rēng diào ěr
紧凑扔钓饵，

máo lǎn wěn duò xián
锚缆稳舵舷。

diào wěi shuǎi dǎo yǔ
掉尾甩岛屿，

luó kuāng wān biǎn dān
箩筐弯扁担。

姊 妹

liàn xí bā lěi wǔ
练习芭蕾舞，

bān fù dǒng hé màn
班副董荷蔓。

shì lǚ dèng kuí táng
室侣邓葵棠，

kùn juàn zhěn shèn yán
困倦诊肾炎。

yòu dǎo chú ào nǎo
诱导除懊恼，

sōng chí gào fù yuán
松弛告复原。

xiān yàn yìng xù huī
鲜艳映旭晖，

tí xiě zǐ mèi piān
题写姊妹篇。

醇 酿①

pēng hōng yǎo xiè pù　　　　liáo jù chuī liáng shǔ
砰　轰　舀　泻　瀑　，　　燎　炬　炊　粱　黍　。

zhēng liú liàng shāi diàn　　chān jiào jūn jiǎo bàn
蒸　馏　晾　筛　垫　，　　挦　酵　菌　搅　拌　。

dí　gū chǔ mù tǒng　　　　zhà　lù　zhù tán wèng
嘀　咕　储　木　桶②，　　榨　滤　注　坛　瓮　。

gū　zuì jiào yùn chún　　　hān chàng dài gěi nín
沽③醉　窖　酝　醇　，　　酣　畅　带　给　您　。

注：①民间酿酒方法之一。

②原意小声说话，这里指心中不踏实，担心质量。

③沽，买。

枫 坪

fēng píng xiá bì wū　　dūn chún yàng qiān bǎi
枫 坪 辖 敝 屋，　　敦 淳 漾 仟 佰①。

chǔ jiù chuí cí bā　　dié zhǎn yú huà xiá
杵 臼 捶 糍 粑，　　碟 盏 娱 话 匣。

ài chā jiǎn zòng zhǔ　　jìng zhōu lèi luó gǔ
艾 插 碱 粽 煮，　　竞 舟 擂 锣 鼓。

fú yáo zào líng yǔ　　juàn liàn miǎn zuó xī
扶 摇 燥 翎 羽②，　　眷 恋 缅 昨 昔。

注：①仟佰为千百大写，又指田间地头。

　　②暗喻人老他乡。

饼 店

liú wěi lào bǐng diàn　　lín jiē yǎn zhāng huà
刘纬烙饼店，临街掩樟桦。

xián tián hōng sū cuì　　kē lì shí zhī má
咸甜烘酥脆，颗粒识芝麻。

cū shuài zhěng jī kě　　gēng zhōu mò lì chá
粗率拯饥渴，羹粥茉莉茶。

jiǎn shěng hàn lián jià　　chéng nuò zhù róng qià
俭省捍廉价，承诺贮融洽。

盆浴

chèn shān kù chǎ tuì　　tǎn luǒ yǒng yù pén
衬　衫　裤　衩　褪，　袒　裸　泳　浴　盆。

yè xié gāng bì tuǐ　　lǒu jū xiù hái wěn
腋　胁　肛　臂　腿，　搂　掬　嗅　还　吻。

cuō cā liú huáng zào　　āi ā kū huàn pín
搓　擦　硫　磺　皂，　唉　啊　哭　唤　频。

rǔ xiù mó hu jì　　fēn fù xiāng cè xún
乳　臭　模　糊　迹，　吩　咐　相　册　寻。

侨 胞

zūn jì gòng qì shuì
遵纪贡契税，

pái dàng zhù qiáo bāo
排档伫侨胞。

zhuàn péi shì wàng dàn
赚赔视旺淡，

lǔ kǎo bào jiān áo
卤烤爆煎熬。

diē pǎo chuán kān zǎi
跌跑传刊载，

gù xiāng zāi hàn lào
故乡灾旱涝。

juān sòng jù dān ge
捐送惧耽搁，

zhòu wǎn dī qí dǎo
昼晚低祈祷。

杂拌五

yàn jiǎo zá wō ké　　zāi kē qí luò tuó
砚角砸蜗壳，　　栽瞌骑骆驼。

suō lì yǐn kā fēi　　kuò chuò suō luó sī
簑笠饮咖啡，　　阔绰唆螺蛳。

jiǎng quàn gē xiàng shù　pín dì gù biāo jú
奖券割橡树，贫第雇镖局。

lài lì wǎn jiā bā　　huǎng piàn sòng yuān qū
癞痢惋痂疤，　　谎骗讼冤屈。①

注：①无奇不有，聊备八件。

杂拌六

lǎn duò zhāo jiǒng pò　fán zào fáng chuǎi mó
懒惰招窘迫，烦躁妨揣摩。

cán jǔ gòu huāng jì　wèi qiè xùn cuō tuó
惭沮构慌悸，畏怯殉蹉跎。

miè lǒu fū xiè lòu　tào quān jiǎo fěi kòu
篾篓麸屑漏，套圈剿匪寇。

cuàn tū dùn shuāi jiāo　fān yì fù jué qiào
窜突顿摔跤，翻译附诀窍。

杂拌七

bēng kuǎ fēng yàn dūn　　péng zhàng xū zhǐ chóu
崩 垮 烽 焰 墩， 膨 胀 墟 址 畴。

gōu liàn léng léng cāo　　yǎng shí xiù dùn xiǔ
钩 链 楞 棱 糙， 氧 蚀 锈 钝 朽。

lāo zǎn xì sù suì　　tái xiǎn nì kē jù
捞 攒 戏 粟 穗， 苔 藓 昵 棵 距①。

fèn zhī jiàn qié jiè　　bí qí chī bāi huài
粪 汁 溅 茄 芥， 荸 荠 嗤 掰 坏。②

注：①四句大意为：古代的烽火台在风化作用下垮塌了，
　　形成了比原来地面高出许多的土坡。台上原来有
　　棱有角的铁器也因为生锈而变成了泥土。
　②四句大意为人们喜悦地摸弄即将到手的好收成，
　　苔藓爬满了农作物的空间。施肥之余，抠出田里的
　　荸荠，却怎么也掰不开他。

杂拌八

cuò zōng shū chǎn shù　　　ma ne ba luo zhù
错 综 抒 阐 述，　　　吗 呢 吧 啰 助①。

zhī jiě fèi bèng xīn　　　zhī yā niǎn niē nǐng
肢 解 废 泵 芯，　　　吱 呀 捻 捏 拧②。

fú zhuāng yùn tǐng kuò　　　huō liè fú xì zhǎi
服 装 熨 挺 括，　　　豁 裂 幅 隙 窄③。

dǐ chù miǎo chán zào　　　jī lǐ wàng chǐ sào
抵 触 藐 蝉 噪，　　　叽 哩 忘 耻 臊。④

注：①语气助词有利于抒发各种感受。

②拆解中的声音和动作。

③本来挺括的服装因为太小被穿者崩开。

④蝉声知了，其实知多少？

礼佛

sì miào jù xíng shèng　　pài duì měi ní ān
寺庙据形胜，　　派对每尼庵。①

jī zhōng xuān zhāi fàn　　lǐ fó fú pú shān
击钟宣斋饭，　　礼佛伏蒲苫。

chén āi huàn jiā suǒ　　kāi shì chuǎn diān lián
尘埃幻枷锁，　　揩拭喘颠连。

tán xiào chāo shàn bǐng　　zhī yí sī jì diān
谈笑抄扇柄，　　支颐思济癫②。

注：①女出家人简称尼，所驻为庵。
　　②济癫又称济公，传说嬉笑人间惩恶护善。

鱼类

bīn tú cháo xùn tuì　　jiǎn bàng yuè hái yá
滨涂潮汛退，　捡蚌悦孩伢。

páng xiè wéi héng zǒu　　biē guī yí zhí pá
螃蟹唯横走，鳖龟宜直爬。

qiǎn zhuó lián jì lǐ　　hào miǎo è tún shā
浅浊鲢鲫鲤，　浩渺鳄豚鲨。

chá jué lín xiā huì　　jīng xī sù yuǎn yá
察觉鳞虾汇，　鲸吸溯远涯。

水 果

gǎn lǎn pí pá yòu　　cǎo méi píng guǒ lí
橄 榄 枇 杷 柚 ，　　草 莓 苹 果 梨 。

xiū xián jiāo zhè shòu　　kuàng qiě shì yē féi
休 嫌 蕉 蔗 瘦 ，　　况 且 柿 椰 肥 。

qí chéng yǔ gān jú　　níng méng jí lì zhī
脐 橙 与 甘 橘 ，　　柠 檬 及 荔 枝 。

liú líng kān màn bāo　　zǎo lì lìng chéng xī
榴 菱 堪 慢 剥 ，　　枣 栗 另 成 蹊 。

冶炼

tóng bó qiān xī lǚ　　gāng luán yùn zī yuán
铜 铂 铅 锡 铝，　冈 峦 蕴 资 源。

pì yù zhù měng tiě　　jiāo tàn rán fèi téng
譬 喻 铸 锰 铁，　焦 炭 燃 沸 腾。

róng liàn tī zhā zǐ　　pī dìng yāng chuí duàn
熔 炼 剔 渣 滓，　坯 锭 央 锤 煅。

jù cuò hàn mǎo dù　　bǐ shǒu shuāng rèn hán
锯 锉 焊 铆 镀，　匕 首 霜 刃 寒。

勘 探

dǒu qiào lǐng yá sǒng　　mí huò qiáo kān tàn
陡 峭 岭 崖 耸 ，迷 惑 瞧 勘 探 。

jīng jí chě xié wà　　bá shè bèi wēi jiān
荆 棘 扯 鞋 袜 ，跋 涉 倍 危 艰 。

yě cān jiū què rào　　mán mó zhàn chéng tán
野 餐 鸠 鹊 绕 ，馒 馍 蘸 澄 潭 。

cè dìng fán shí kuàng　　chàng kǎi wèi cí yán
测 定 矾 石 矿 ，唱 凯 慰 慈 颜 。

乞丐

qǐ gài dūn xiàng mò
乞丐蹲巷陌，

sāo náo zǎo shī yǎng
搔挠蚤虱痒。

niān wěi shài huì gòu
蔫萎晒秽垢，

zū lìn céng bàn chǎng
租赁曾办厂。

xiàn jǐng shì yín dǔ
陷阱嗜淫赌，

zhàng zhài shē gòu qiàng
账债赊够呛。

chāng lóng shèng pào mò
昌隆剩泡沫，

qué bǒ duǒ qī dǎng
瘸跛躲戚党。

偷盗

tōu dào pá qiè zéi　　xiá ài biǎn yì cí
偷盗扒窃贼，　　狭隘贬义词。

ǒu ěr huò ráo shù　　kuì jiù dí xiá cī
偶尔或饶恕，　　愧疚涤瑕疵。

guǐ mì jiū dǎi yǒu　　táo tài lún bēi bǐ
诡秘纠歹友，　　淘汰沦卑鄙。

yǒng zhì bāo rén xiá　　pǔ luó mǐ xiū sī
永志褒仁侠，　　普罗米修斯。①

注：①希腊神话中盗取天火温暖人间的英雄。

富豪

luò wēng lǎn chāo piào　　　gē bó sài gé téng
洛翁揽钞票①，胳膊赛葛藤。

kē bàn wěi bàng chèng　　　gū dūn qǐ diān jīn
磕绊委磅秤，估吨岂掂斤？

pái huái huǐ tú zǎi　　　kuì zhèn shì kōu mén
徘徊悔屠宰，馈赈释抠门。

ní hóng pěng xuàn lì　　　zhān yǎng kòng xiāo shēng
霓虹捧绚丽，瞻仰控箫笙②。

注:①美国石油大亨洛克菲勒在聚敛财富的过程中伤害
　　无数，晚年捐巨资达当今数百亿美金用于慈善事
　　业。
　　②久雨之后现彩虹也值得欣赏。

苦役

yōng lù diàn pú zǎi
庸碌佃仆仔，

méi yùn pèng zhuā fū
霉运碰抓伕。

kǔn bǎng chuàn zhǒu wàn
捆绑串肘腕，

kǔ yì cǎi qí qū
苦役踩崎岖。

chàn jīng wā yáo xué
颤兢挖窑穴，

biān chōu qiāng xià hǔ
鞭抽枪吓唬。

é qǐng méi jǐng tā
俄顷煤井塌，

hé gū tǎng fén mù
何辜躺坟墓？

总 理

zǒng lǐ tóng kǒng sàn　zhèng huàn yí xiàn ái
总理瞳孔散，症患胰腺癌。

zhòu rán xī è hào　dào yàn jiū fèi gān
骤然悉噩耗，悼唁揪肺肝。

jùn yǎ qiān jǐn mǐn　zhōng chén xù lí yuán
俊雅谦谨敏，忠忱恤黎元。

yí huī jù bō sǎ　píng diào yī chán juān
遗灰俱播撒，凭吊揖婵娟。①

注:①周恩来总理去世后不留骨灰,举世感佩。婵娟,月
　　亮别称。

营养

yòu zhì pí wèi nèn　　shàn shí shè jūn yún
幼稚脾胃嫩，　　膳食摄均匀。

chī gài lì zhuī gǔ　　shāo chān diǎn nà xīn
吃钙利椎骨，　　稍掺碘钠锌。

hūn nì yíng yǎng fù　　shāo dā jiāo jiǔ qín
荤腻营养富，　　捎搭茭韭芹。

mó gū wān dòu hǎo　　jiè shào ruò dīng níng
蘑菇豌豆好，　　介绍若叮咛。

讲 述

jiǎng shù diū lún cì
讲 述 丢 伦 次，

xiǎn jiǎo dǔ hú zuǐ
鲜 饺 堵 壶 嘴。

dàn xī lǎng sòng shī
旦 夕 朗 诵 诗，

zhàng ài wù cuī huǐ
障 碍 务 摧 毁。

yì yáng huǎn jí qiāng
抑 扬 缓 急 腔，

biàn lùn péi líng lì
辩 论 培 伶 俐。

zhòng cái shǔ xiá zhàn
仲 裁 曙 霞 绽，

yōu mò bǐng líng xī
幽 默 秉 灵 犀。

提 粹

lā jī gù āng zāng　　　zào zhuān qì liáng cāng
垃圾固肮脏，　　　造砖砌粮仓。

shǐ niào jiāo shū cài　　wǎn kuài chè páng huáng
屎尿浇蔬菜，　　碗筷撤彷徨。

cè suǒ yíng qū rú　　　dú hán miǎn yì jiāng
厕所蝇蛆蠕，　　独含免疫浆。

shí yàn zhī tí cuì　　　fēi diǎn xī chāng kuáng
实验知提粹，　　非典熄猖狂。①

注：①指非典型性肺炎。

疟疾

nüè jí fàn pí bèi　　hūn yūn suō lǒng shuì
疟疾犯疲惫，　　昏晕缩拢睡。

gǒng zhù jì xù shēng　duō suō hěn nán jìn
汞柱继续升，哆嗦很难禁。

hòu bèi dié duǒ dǒu　chún chǐ bì fù yǎo
厚被叠垛抖，　唇齿闭复咬。

wán jì shǐ quán yù　xùn sù bǎ wén qū
丸剂使痊愈，　迅速把蚊驱。

医 案

tú huì wú gōng xiē　　　jīn xiù àn xiāo sè
图绘蜈蚣蝎，　　　襟袖暗萧瑟。

yī àn piān xuǎn jiù　　　bì shī tān huàn què
医案偏选就，　　　痹湿瘫痪却。

zhāng láng liáo hóu lóng　　è liú jiè jiān miè
蟑螂疗喉咙，　　恶瘤届歼灭①。

mǎ huáng shǔn yū zhǒng　gōng xiào jiē dí què
蚂蟥吮瘀肿，　功效皆的确。

注：①我有亲戚确诊喉癌后，生吞蟑螂一段时期而痊愈。

祭 陵

xuān yuán yáo shùn yǔ　　yì zhào niàn yóu zhōng
轩 辕 尧 舜 禹，亿 兆 念 由 衷。

sù mù jì líng qǐn　　　　fén tán sān jū gōng
肃 穆 祭 陵 寝，　　焚 檀 三 鞠 躬。

fán yǎn qǐ jìn bù　　　kuàng jià zēng nèi róng
繁 衍 企 进 步，　　框 架 增 内 容。

chǒu lòu xiāo shuò liǎo　　hé xié fēn wéi nóng
丑 陋 销 烁 了，和 谐 氛 围 浓。①

注：①轩辕、尧、舜、禹，中国远古时代的民族首领，中华民
族尊崇的祖先。檀指檀香。

虐俘

jiān yù qiú fú lǔ
监狱囚俘虏，

diāo bǎo è háo gōu
碉堡扼壕沟。

gǎng shào dīng dèng lì
岗哨盯瞪厉，

zuǒ yòu xún luó chóu
左右巡逻稠。

páo xiāo tì xùn chì
咆哮替训斥，

ruǎn lèi lūn quán ōu
软肋抡拳殴。

qiān shǔ wù jiàn tà
签署勿践踏①，

chéng fá yǔn zhē xiū
惩罚允遮羞。

注：①指战俘公约。

侵略

jiāo hàn zhàng jūn bèi　　qīn lüè tuō zhǎo chá
骄悍仗军备，侵略托找碴。

hòng nào xié kuǐ lěi　　qiǎng lüè jiān shāo shā
哄闹挟傀儡，　抢掠奸烧杀。

jiǎo xiè xiāo yān shì　　táng sè bàn lóng yǎ
缴械硝烟逝，　搪塞扮聋哑。

guì tǎ huò qīn pèi　　gài yùn pàn gāo xià
跪塔获钦佩，　概韵判高下。①

注：①德国总理勃兰特向波兰二战死难者碑塔下跪，举国
　　反省战争。概韵指气度。

78

鸵 鸟

tuó niǎo shēn qū wěi　jiǎo zhǐ pō yìng bāng
鸵 鸟 身 躯 伟，脚 趾 颇 硬 梆 。

kǒng bù yǎn hū jìn　yǐn nì guàn xī huáng
恐 怖 奄 忽 近，隐 匿 惯 恓 惶 。

lú xiàng mái shā lì　qiào tún bì fēng máng
颅 项 埋 砂 砾，翘 臀 避 锋 芒 。

dù jié zàn jiǎo xìng　huǒ jì wèi chái láng
渡 劫 暂 侥 幸①，伙 计 喂 豺 狼 。

注：①据说这是鸵鸟避敌的方式，所以人们把二战初期
　　的英法绥靖政策称为鸵鸟政策。

杜鹃

zhēn sì bèng chā shāo　　diāo dàn zhì tā cháo
侦伺蹦杈梢，　叼蛋置它巢。

fū luǎn yù chú shì　　dù juān xiè zé táo
孵卵育雏事，　杜鹃卸责逃。

zhì xù hàn wěn luàn　　fǔ qì rěn hùn xiáo
秩序憾紊乱，　抚弃忍混淆？

yīn zǐ chá hàn jiá　　zhēng mī wěi āi háo
殷紫搽颔颊，　睁眯伪哀嚎。

注：①杜鹃不筑巢不孵卵，而且啼声凄切，所以有杜鹃啼
　　血的说法。借指某些弃婴认亲者。

畦圃

qí pǔ róng yāng rùn　　yàn gěng jiá bāo shēn
畦 圃 苴 秧 润 ，堰 埂 荚 苞 伸 。

wèi lán jiàng bīng báo　　jiǎn yǒng biàn míng líng
蔚 蓝 降 冰 雹 ，茧 蛹 变 螟 蛉 。

tān lán wàng kěn zhù　　nuò ruò téng shēn yín
贪 婪 妄 啃 蛀 ，懦 弱 疼 呻 吟 。

bì yòu pàn wā què　　huáng yá liǎn qī líng
庇 佑 盼 蛙 雀 ， 蝗 蚜 敛 欺 凌 。

81

蜘 蛛

zhī zhū wǎng bā guà　　lín yán dào gěng chá
蜘 蛛 网 八 卦，　檩 檐 到 梗 茬。

fǎng zhī mì tuò xián　　pǔ sù huì zǎo huá
纺 织 泌 唾 涎，　朴 素 讳 藻 哗。①

dāi é tī duò tiào　　zhān láo wǎng sī lā
呆 蛾 踢 跺 跳，　粘 牢 枉 撕 拉。

lín lí xiǎng róng yè　　piāo yì qiǎo qín ná
淋 漓 享 溶 液②，飘 逸 巧 擒 拿。

注：①藻指华美，哗指张扬。

②蜘蛛向猎获物注入毒素，使其体内变成一包血水而
　吸食。

枢纽

zhà guàng shū niǔ cè　yù shà fú wēi é
乍 逛 枢 纽 侧，寓 厦 符 巍 峨。

pǔ pàn jiān bèi jǐ　lín láng sōu liàng suō
浦 畔 肩 背 挤，琳 琅 艘 辆 梭。

xuān xiāo lǎ ba guāi　qiāo jìng zhù shēng guò
喧 嚣 喇 叭 乖，悄 静 住 声 过。

ké sou tán yì sǎng　juàn pà yù tāo mō
咳 嗽 痰 溢 嗓，绢 帕 预 掏 摸。

味 香

dèng yǐ bō píng gāng　　yóu yán jiàng cù táng
凳 椅 钵 瓶 缸 ，　　油 盐 酱 醋 糖 。

dāo pā zhēn bǎn shàng　　qián yǐ chái zào páng
刀 趴 砧 板 上 ，　　钳 倚 柴 灶 旁 。

shú jiē biān tiáo zhǒu　　bò jī cuō bǐ kāng
秫 秸 编 笤 帚 ，　　簸 箕 撮 秕 糠 。

chú xiāng guō chǎn huǎng　　là wèi gé xī xiāng
厨 厢 锅 铲 晃 ， 腊 味 隔 溪 香 。

哥嫂

háng zhōu mǒu yuàn xiào　　gē sǎo yì tóng chuāng
杭州某院校，哥嫂谊同窗。

jìng yè cóng mào yì　　wú tóng qī fèng huáng
敬业从贸易，梧桐栖凤凰。

xiá yú fù guàn zhí　　kǎo juàn jī yōu liáng
暇余傅冠侄，[1]　考卷绩优良。

xiāng hé kū lóng mǎn　　cán tuì xiē cǎi sāng
箱盒窟窿满，蚕蜕歇采桑。

注：①名冠的侄儿。

笛 情

xú yù bì nòng zhēng　　qīng dǎo lóng dǐng lán
徐裕璧弄筝，　　倾倒龙鼎澜。

liàng zhuāng dì méng shì　　tóng hóng róng zhān tǎn
靓妆缔盟誓，　彤红绒毡毯。

chéng zhì dǔ tā jià　　pō yì gǒng bó fàn
诚挚睹她嫁，　　坡屹巩伯范。

tiǎn dí fū mó bà　　chóu chàng miǎn zhì dǎn
舔笛敷膜罢，　　惆怅勉掷掸。

姓 氏

xìng shì yuān yuán guǎng　　wū bǔ pǐ zhí sī
姓 氏 渊 缘 广 ，巫 卜 匹 职 司 。

dí shù tāng mù yì　　gè míng kāi zōng cí
嫡 庶 汤 沐 邑 ，各 名 开 宗 祠 。

shùn qiú tì líng xiè　　xūn chén sà shuǎng zī
顺 酋 涕 零 谢 ，勋 臣 飒 爽 姿 。

yì dú cāi mí yǔ　　xuán ào tàn chí yí
异 读 猜 谜 语 ，玄 奥 叹 迟 疑 。①

注：①巫卜各为官职，以职为姓，皇亲休养地(汤沐邑)以地名为姓。汉代赐归顺的匈奴首领姓刘，明末赐郑成功姓朱，人称国姓爷。相、单、覃、谌因语音不同各有数姓，沿称异读。

猜 谜

pū guǐ záo suì dòng　　xiè hóng niǔ zhá fá
铺 轨 凿 隧 洞 ，　　泄 洪 扭 闸 阀 。

jí jù zhāi lù xiù　　shè jiàn miáo zhǔn bǎ
辑 句 摘 录 秀 ，　　射 箭 瞄 准 靶 。

guǎn shè hán jiàn dì　　zhēn jiǔ huǒ guàn bá
馆 舍 函 件 递 ，　　针 灸 火 罐 拔 。

xún zhǔ tì tàng rǎn　　kuà lán shòu pí pá
循 嘱 剃 烫 染 ，　　挎 篮 售 枇 杷 。①

注：①八种行当猜猜看。

祥 瑞

wén quán shí suì líng　dìng yàn nuǎn dàn chén
文 权 十 岁 龄 ，订 宴 暖 诞 辰 。

nà yí xié qiáo huàn　jié shū bào huì píng
娜 姨 携 乔 焕 ，杰 叔 抱 惠 萍 。

quàn bēi lǎo yé dòu　sāi bāng zhān zhǐ jīn
劝 杯 姥 爷 逗 ，腮 帮 沾 纸 巾 。

dàn fán bà mā mù　tíng hù xiáng ruì yíng
但 凡 爸 妈 睦 ，庭 户 祥 瑞 盈 。

竣稿

tū bǐ zhuàn yàn yáo　suǒ suì duì huì sè
秃笔 撰 谚谣，琐碎兑晦涩。

hú lú nǐ àn nà　piáo sháo fú cháo xuè
葫芦拟按捺，　瓢勺浮嘲谑。

qí méi jǔ tóu zhì　xiāo sǎ fǎn lìn sè
棋枚举投滞，　潇洒返吝啬。

duó miǎo kuà xiǎn jìng　jùn gǎo yì pīn chāi
夺秒跨险径，竣稿忆拼拆。

百家姓之歌

作者的话

流传千载的《百家姓》一书,在相当长的历史河段中,曾经加以插图,引为村塾课本。誉名所及,连清朝康熙皇帝也感而仿效、进行御制,可见影响之深远。

然而在白话文风行的今天,该书已是书名耳熟、内容难详了;究其原因,恐怕和姓氏排列缺乏内涵不无关系,特撰写此书,以期理出脉络,便于记诵。

我国的姓氏源远流长、分化变迁,一直没有固定的数字。《百家姓》计收单姓446个,而本书仅15首俚歌即收单姓840个。本书在《百家姓》基础上改编,可能有一些日趋活跃的姓氏囿于才力未加罗列,而且书中不如意处也自觉尚多;冒昧为之是希望在扩大传统文化涵盖面的同时,探索一片人迹未至的神秘风光。请读者、识者多加指正。

本书编写时参阅了《康熙字典》《中华小字典》《新华字典》以及人民邮电出版社 1980 年版的《百家姓解释》;各书对标声注音不尽相同,在贴近时代的前提下聊备一格。

至于姓氏的起源和沿革,专家学者们作了不少考证和论述,如一字多姓、读音异常等。本书之所以未加附录,除尊重人家牙慧而外,其实也是知之甚少;某些通假有悖现代汉语,法眼在上,请以单字相读。

本书承武纪超、赵美泉二位先生提供资料,傅义教授指疵,顺此向关心、建言于拙书的人们致谢。

刘晓南

kǒng mèng xí chéngzhōng gǔ shī
孔 孟 习 成 终 古 师，

xún qīng mò zhái jì hán fēi
荀 卿 墨 翟 暨 韩 非。

pī jīng shī liàng xīn lián lìn
被 荆 施 谅 欣 廉 蔺，①

tóng shì cāo gē huàn dòu jī
同 室 操 戈 患 豆 箕。

chén huàn rú máo qī dòng rì
臣 宦 茹 毛 栖 冻 日，

wǔ huáng fǎng dào fú wán shí
武 皇 访 道 服 丸 时。②

féng táng zī zhì dǒng xuān xiàng
冯 唐 资 质 董 宣 项，③

péng zǔ shòu kāng hé yì zhī
彭 祖 寿 康 何 益 之？④

注解

1.廉颇负荆、蔺相如施谅,将相融和。

2.苏武牧羊,茹毛吞雪;武皇访道,服丹升天。

3.冯唐文武双修,虽未早伸其志,王勃何苦作"冯唐易老"之感叹?董宣为维护法律公正,不向权势低头,节操可嘉。

4.道士彭祖自言寿高八百,何补于世?

zhàn shuǐ wēi yán qín yī qū
湛 水 危 岩 琴 壹 曲，

suǒ huái yù yù měi jiān chéng
所 怀 郁 欝 每 兼 程 。①

mài cāng fēng mǎn nóng zhuāng xìng
麦 仓 丰 满 农 庄 幸，

hé pǔ gōu lián zhōu hù níng
河 浦 勾 连 舟 户 宁 。

màn lìng píng yōng shēn xī rǎng
曼 令 平 庸 伸 息 壤，②

hú kān liáng shàn wěi shā chén
胡 堪 良 善 委 沙 尘 ？

shào xīng tú cì ráo gōng jìng
绍 兴 涂 次 饶 龚 敬，③

zhuó lì xīn láo zhé guǐ shén
卓 厉 辛 劳 折 鬼 神 。

注解

1.郁、欎,古义相通,各为一字,今为一体。盛大貌。

2.息壤,远古神话中鲧(大禹之父)堵水的法宝;结果是洪水泛滥,有增无减。

3.大禹陵在浙江绍兴。涂通途。龚通恭。

ōu yě huà tuó tóng lǔ bān
欧冶华佗仝鲁班，

xīng máng gěng yào jì wú quán
星芒耿耀计毋全。①

dān qīng chàng dá zhū xū bái
丹青畅达朱虚白，②

zì fú shū qí shěn shí tián
字幅疏奇沈石田。③

jì sù láng cháo yí huǒ yào
冀肃狼巢宜火药，

rǎn jīng hào hǎi shí luó pán
冉经浩海识罗盘。④

cài lún zào zhǐ bì shēng yìn
蔡伦造纸毕升印，

qǐ hòu chéng xiān zhù yǒng nián
启后承先祝永年。

注解

1.欧冶子铸剑名匠,华佗名医,鲁班为木匠鼻祖。能工巧匠如河汉之星,数不胜数。

2.清代朱虚白为海派名画家,兼收并蓄。

3.明代沈周号石田,字画俱工,字尤为明四家(沈祝文唐)之首。

4.冉经,缓行貌。

téng gé líng xiāo zhǎn yù zhāng
滕 阁 凌 霄 展 豫 章 ，

áo yóu xiù jǐng fù sū háng
敖 游 秀 景 付 苏 杭 。①

wū yún chǔ yǔ yuán hóng lì
巫 云 楚 雨 原 弘 丽 ，②

hán gǔ hè lán yú mǎng cāng
函 谷 贺 兰 俞 莽 苍 。③

sān fú qīng liáng zāng wǔ lǎo
三 伏 清 凉 藏 五 老 ，④

dōng dān xiān liàng kuàng xī shuāng
东 单 鲜 亮 况 西 双 。⑤

qiáo lóu ǒu sù tōng sháo yuè
谯 楼 偶 宿 通 韶 乐 ，

yú xìng yóu fú fàn chǔ xiāng
於 姓 尤 符 范 储 香 。⑥

注解

1.江南第一名楼滕王阁历来人文荟萃，二十世纪末新建成后更显瑰伟杰特。上有天堂,下有苏杭。敖通遨。

2.三峡风光令人如痴如醉,不亚神游。

3.函谷关、贺兰山,泛指北地风貌。俞,信然。

4.避暑胜地庐山有五老峰。臧,称善。

5.北京东单商场,云南西双版纳。单又读善,各为姓。

6.《岳阳楼记》心怀天下,与舜继尧美德的韶乐相通,也使游人到此产生凝重浩远之情。於通于,古汉语中於、于各为一字,文字改革后变为繁体和简体。

qū zǐ shī piān jiǎ fù wén
屈子诗篇贾傅文,

táo qián fēng gǔ shǎng zhēn rén
陶潜风骨赏真任。①

ní jiā shào nǚ rén ér miào
倪家少女人儿妙,

sōng yuè gāo shān lín mù sēn
嵩岳高山林木森。②

lú wèi luò chéng yīng mò ruì
卢尉骆丞应莫芮,③

lǐ xiān dù shèng fù zhōng líng
李仙杜圣富钟灵。④

xián jīng mǐ guì qiáo jū yì
咸京米贵乔居易?⑤

mǎi jiù cǎo táng yín jǐn chéng
买就草堂吟锦城。

注解

1.真任意真挚,与真任(rèn)即率真有别。陶诗兼之。

2.千古绝对"妙人儿倪氏少女"平仄不合,特此改妆以待君子。

3.唐初开一代诗风的卢照邻,骆宾王官职卑微,才情岂可小视? 芮,渺小。

4.李白飘逸,杜甫端醇,世有定评。

5."长安米贵,居大不易"原指白居易,此处借指杜甫。乔,乔迁。

yáo shùn yǔ tāng wàn dài xióng
尧 舜 禹 汤 万 代 雄 ，

xià shāng zhōu shì mù jiāng wēng
夏 商 周 世 慕 姜 翁 。

jì kuí shào shàn cén kuí bào
蓟 夔 邵 单 岑 隗 鲍 ，

xíng zhèng yān xī guō hǎo fēng
邢 郑 鄢 郗 郭 郝 酆 。①

tǒng guó bào qín yán èr jǐ
统 国 暴 秦 延 贰 纪 ，

zhèn jiāng měng shì dài xīn fēng
镇 疆 猛 士 戴 新 封 。②

yān yú gǒu qiě liú qīn yǎng
奄 馀 苟 且 留 钦 仰 ，

zhú bó yóu zūn tài shǐ gōng
竹 帛 犹 尊 太 史 公 。③

103

注解

1.三、四句每字各代表诸侯国名或食邑名,隗又读 wěi,均是姓。

2.戴,感念或接受;新,指汉朝。

3.详见司马迁《报任安书》。奄,同阉;今读 yǎn,即阉。馀通余,古汉语中各为一字,文字改革后变为繁体和简体。

máo liáo pín gù liú zhāo liè
茅 寮 频 顾 刘 昭 烈 ，

bā shǔ yíng fáng zhào mǎ qiáng
巴 蜀 营 房 赵 马 强 。①

jiāo tàn wū yān chōng chì bì
焦 炭 乌 烟 充 赤 壁 ，

jiǎn jū má shù xù chái sāng
简 车 麻 束 恤 柴 桑 。②

róng yán dùn jiǎn yīn qiān lǜ
容 颜 顿 减 因 牵 虑 ，

shěn shèn qí yán lěng zàn xiāng
审 慎 綦 严 冷 赞 襄 。③

zhū gě yīn yáng zhān bǔ hǎo
诸 葛 阴 阳 詹 卜 好 ，

wén tán biǎo xiàng yǒu méi yáng
闻 谈 表 相 有 眉 扬 ？

105

注解

1.三顾茅庐的刘备去世后庙号昭烈。赵云、马超骁勇威猛,名列蜀中五虎上将。

2.火烧赤壁、赴柴桑吊唁周瑜。

3.孔明六出祁山,朝中有人掣肘,战果难以扩大;而对军士的杖责都亲自督施,部曹何用? 大权宜独揽,小权须分散。

4.詹,古代管占卜的官。

lóng páng yī yǐn wèi kuāng fú
龙 逄 伊 尹 蔚 匡 扶， ①

xiāo bù cáo suí qìng yàn chū
萧 步 曹 随 庆 晏 初。 ②

kòu zhǔn sòng zhōng hóu bó lù
寇 准 宋 中 侯 博 陆， ③

mào hóng jiāng zuǒ guǎn yí wú
茂 宏 江 左 管 夷 吾。 ④

zhèng quán láo gù róng péi dù
政 权 牢 固 荣 裴 度， ⑤

yí mào yōng hé lù wèi shū
仪 貌 雍 和 禄 魏 舒。 ⑥

yín yì lán kōng wéi bō sǎ
银 翼 蓝 空 为 播 撒，

ēn lái yí ài wèn shuí rú
恩 来 遗 爱 问 谁 如？ ⑦

107

注解

1.龙逄、伊尹,夏商忠良重臣。

2. 汉初曹参继萧何为相,政纲一以贯之。

3.宋朝寇准为相,有人劝他读《霍光传》;等他读到传中"不学无术"一词时爽然自失,并且发愤读书。汉代霍光封博陆侯。

4.东晋王导(茂宏)为相,人云管仲(夷吾)再世。春秋时,管仲辅佐齐桓公成就一代霸业。

5.唐相裴度力削藩镇,国势复振。

6.汉末魏舒仪表堂堂,由魏入晋位高望重。

7.周恩来逝世,联合国下半旗志哀;遗嘱将骨灰撒向中华大地,山河动容。

mù shé kǎi bào jí pān yáng
穆佘凯报戢潘杨，①

chí zǎo yú jī bié bà wáng
迟早虞姬别霸王。②

yōu mǐn dòu é liù yuè xuě
幽闵窦娥六月雪，

biàn qīn cuī shì wǔ gēng cháng
变侵崔氏伍更长。③

chén gōng fèi yòu ē mán cuò
陈宫费宥阿瞒错，④

fán xuē zuō diāo zhī jié máng
樊薛作刁知节忙。⑤

xì jù chí tái bēn zhòng kè
戏剧池台贲众客，

fāng cái xiè mù biàn kāi zhāng
方才谢幕卞开张。⑥

109

注解

1.《杨门女将》奏凯之日,《潘杨讼》争稍息之时。(内有时间差)

2.《霸王别姬》早晚的事。

3.《窦娥冤》;《西厢记》。闵通悯。

4.陈宫几度《捉放曹》。曹操小名阿瞒。

5.《三请樊梨花》的跑腿程咬金,字知节。

6.贲,勇武貌。卞,急。

hǔ xióng luán jì qí míng bù
虎 熊 栾 季 齐 名 布， ①

wèi huò hù cóng lóng yù guī
卫 霍 扈 从 隆 誉 归。 ②

dòu zhì sūn páng xī bó zhòng
斗 智 孙 庞 奚 伯 仲？ ③

xiàng chóu tán shàng jiǎn zōng zhī
向 仇 谭 尚 翦 宗 支。 ④

lǚ méng xú shèng róng dīng fèng
吕 蒙 徐 盛 融 丁 奉， ⑤

yú jìn xǔ chǔ xīn diǎn wéi
于 禁 许 褚 忻 典 韦。 ⑥

tán niàn huán wēn āi liǔ shù
覃 念 桓 温 哀 柳 树， ⑦

dí láng yè xí suǒ róng yī
狄 郎 夜 袭 索 戎 衣。 ⑦

注解

1.栾布、季布(还有英布),同为项羽大将。

2.卫青、霍去病,均为西汉名将。

3.孙、庞斗智不类同门切磋,不在同档次。

4.袁绍二子袁谭、袁尚在父亲死后,大敌当前,却互相仇杀,结果连后代也被曹操翦灭了。

5.吕蒙、徐盛、丁奉,三国东吴大将。

6.于禁、许褚、典韦,曹操猛将。忻即欣。

7.东晋大司马桓温"树犹如此,人何以堪?"的感慨,激励北宋名将狄青雪夜出袭,夺回军衣辎重。覃念即深念。覃又音琴,亦为姓。

qī zhāo bàng dǐ shēn bāo xū
柒 朝 傍 邸 申 包 胥，

hǎn jiàn lì bāng jiā dà fū
罕 见 利 邦 嘉 大 夫 。①

zōu jì huá jī móu yù jiàn
邹 忌 滑 稽 牟 喻 谏，②

yáo chóng míng fǎ miǎn sēng gū
姚 崇 冥 法 免 僧 姑。③

xiāng yí sōng bǎi qián lóu fú
相 怡 松 柏 黔 娄 福，④

nán bǎo lǘ yán duàn shū qú
难 保 闾 阎 段 叔 瞿。⑤

míng jìng qiān qiū chéng guǎng jiǎo
明 镜 千 秋 呈 广 角，⑥

ná xū yóu wǒ gòng duō yú
那 须 由 我 贡 多 余？⑦

注解

1.春秋时楚国都城被吴国占领,楚大臣申包胥奔告秦国,秦国冷淡,申包胥在宾馆倚墙而泣,七天不食,感动秦国出兵复楚。大夫,尊称,如大丈夫。另有别于大音 dài,古代主要官名。

2.邹忌以妻爱己、妾怕己、客有求于己而甘言于己的亲身体验,使齐王听后危然自惕。

3.三次为相、辅就开元盛世的姚崇遗嘱丧葬不做法事。

4.齐国贫士黔娄有妻甚贤。

5.郑国公子段谋篡失败,被追杀。瞿通惧,惧音 jù。

6.“以铜为镜,可以正衣冠,以史为镜,可以知兴替⋯⋯”

7.那音拿,意何,从《康熙字典》。

líng yú qí xiè miē xuán huáng
陵 鱼 亓 解 乜 玄 黄 ， ①

mí zhú lù xíng gān kǔ cháng
糜 竺 逯 行 甘 苦 尝 。 ②

zhēn mì xué shé zhuān bèi què
甄 宓 学 蛇 专 贝 阙 ， ③

rén hóng bǐng yǒng shuài biān fáng
仁 洪 秉 勇 帅 边 防 。 ④

gōng dāo wèi jiē gān shū liǎn
弓 刀 未 接 干 殳 敛 ，

liào huà yán cí dèng ài sàng
廖 化 言 雌 邓 艾 丧 。

huí shǒu jīn kē jiāng yǎng chù
回 首 斤 柯 将 养 处 ，

ōu tóng jí jǐng mù niú yáng
区 童 汲 井 牧 牛 羊 。 ⑤

115

注解

1.宦官黄皓玩弄宰相孔明,犹如螃蟹欺陵鱼。解通蟹。亓即其。乜,斜视;亦作姓,音 niè。玄黄,玄天黄地。

2.逯,谨守无能。糜竺为刘备的国舅。

3.曹丕的甄后(宓氏)学蛇盘弄发髻日新月异。贝阙指皇宫。宓又读伏,为姓。

4.曹操族弟曹仁、曹洪。

5.区童事见柳宗元《童区寄传》,是一个大智大勇的牧童。

yuán méi zēng gǒng cháo duān lǐ
袁 枚 曾 巩 晁 端 礼，①

ruǎn jí qiān rán dǎng mí héng
阮 籍 骞 然 党 祢 衡。②

niè xiǎn yīn qín hū kàng zhàn
聂 冼 殷 勤 呼 抗 战，③

liáng zhā xiá yì zhí jīn qián
梁 查 侠 义 直 金 钱。④

tiān dū fèng lù wāng shēn jí
天 都 凤 鹿 汪 莘 吉，⑤

zhī shàng méi huā jiǎng jié néng
枝 上 梅 花 蒋 捷 能。⑥

yǔ xìn qī yōu guān lù dǔ
庾 信 戚 忧 关 路 堵，⑦

miào sī jiàn lǎng lài lí yuán
缪 斯 健 朗 赖 黎 元。⑧

注解

1.清代袁枚,宋代曾巩、晁端礼各以文名传世。

2.用而难行,舍而不藏,悲剧。謇然,轻率意。

3.聂耳、冼星海,二十世纪中叶民族音乐家。

4.梁羽生、查良镛为新派武侠小说名家,无意间体现了自我价值。直通值。

5.宋代汪莘长居黄山,写了不少集神话与灵境为一体的作品。

6.宋代蒋捷《霜天晓角》词,咏梅清新意远。

7.庾信《哀江南赋》。

8、缪斯,古希腊神话中的诗歌之神。

yè miáo péng bó mù bēn léi
叶 苗 蓬 勃 沐 奔 雷，

wò rǔ táo chāng rěn jìn sī
沃 汝 桃 昌 忍 靳 丝？①

pǔ huì shù mín bīn dào sù
普 惠 庶 民 宾 稻 粟，

xì hán guāng cǎi rèn qiú pí
郤 寒 光 采 认 裘 皮。②

gāo qiū kàn shì qí wú yuè
皋 邱 阚 视 祁 吴 越，③

chuò pǐn fāng chá jū cùn sī
啜 品 芳 茶 鞠 寸 思。④

guì tù xún cháng zhú kuàng yě
桂 兔 寻 常 烛 旷 野，⑤

liáo héng pú xí mèng qīn cí
聊 横 蒲 席 梦 亲 慈。⑥

注解

1.靳,吝惜,丝指棉桃萌丝。
2.郤同却。
3.阚意望。祁意广。
4.鞠意养。
5.桂兔指月色。
6."慈母手中线,游子身上衣"。

tǎn dàng jìn yān jū zú téng
坦 荡 晋 燕 驹 足 腾 ，

zhēng hóng cóng huì wǔ nán yuán
争 红 丛 卉 舞 南 垣 。

chù qín xiāo què tú fáng xǐ
畜 禽 销 却 屠 坊 喜 ，

qū jiǔ qí zhāo lǚ zhàn huān
麴 酒 旗 招 旅 栈 欢 。①

guàn lì shuāng háo lín bǎo tiè
贯 力 霜 毫 临 宝 帖 ，②

gǒng qiáo lú zé qǐ yú chuán
拱 桥 芦 泽 起 渔 船 。

fán zī ní qī tóng tiě jiàng
凡 兹 泥 漆 铜 铁 匠 ，

shuì bó chén dāng bǎi yè ān
税 薄 谌 当 百 业 安 。③

注解

1.麴酒即曲酒,音意相通。

2.宝晋斋帖,明代的丛帖。

3.牧马人、种花人、屠夫、酒保、书生、渔民、泥漆铜铁匠,一幅薄税安业图。谌意诚,又读沈;各为一姓。

《百家姓》单姓辑余

wū lì è bǐng gào
邬郦鄂邴郜

kuǎi pú gōu tái jiá
蒯濮缑邰郏

zǎn niǔ yì zǐ shè
昝钮羿訾厍

jī dǒu kàng dá tóng
嵇钭亢笪佟

gě zǎi hǎ qú èr
盖宰哈璩佴

附言

原《百家姓》单姓共计 446 个，未入俚歌者 25 个。原书阎、终、家各重复为用，查无所据。

图书在版编目(CIP)数据

汉字速成歌/刘晓南主编.—南昌:江西人民出版社,
2009.4
ISBN 978－7－210－04081－1

Ⅰ.汉... Ⅱ.刘... Ⅲ.汉字—基本知识 Ⅳ.H12

中国版本图书馆 CIP 数据核字(2009)第 051346 号

汉字速成歌

主编 刘晓南

编委 林华英 刘春南

江西人民出版社出版发行

江西新华印刷厂印刷 新华书店经销

2009 年 4 月第 1 版 2009 年 4 月第 1 次印刷

开本:880 毫米×1230 毫米 1/32 印张:4.25

字数:40 千 印数:1－3000 册

ISBN 978－7－210－04081－1 定价:10.00 元

江西人民出版社 地址:南昌市三经路 47 号附 1 号

邮政编码:330006 传真电话:6898827 电话:6898893(发行部)

网址:www.jxpph.com E－mail:jxpph@ tom.com web@ jxpph.com

(赣人版图书凡属印刷、装订错误,请随时向承印厂调换)